Frühlingsbastelspaß

Endlich Frühling, jetzt ist die Vorfreude auf fleißige Hennen, geschäftige Hasen und bunte Eier besonders bei Kindern wieder groß.
Für die Arbeiten in diesem Buch stehen zwei beliebte Techniken zur Wahl: Papier und Windowcolor.

Gebastelt werden traditionelle Frühlings- und Ostermotive in phantasievoller moderner Version: Luftige Hennenballerinen drehen im Windhauch Pirouetten, Häschen turnen am Fenster, flitzen mit dem Skateboard durch die Osterzeit oder legen eine Pause auf ihrer Radtour ein und Tierkinder spielen auf der Blumenwiese.

Die Frühlings- und Osterboten hängen am Fenster, an Türen oder im Raum, schmücken den Osterstrauß und machen Glückwunschkarten oder kleine Geschenke sehr originell und persönlich. Gute Laune bringen all diese witzigen Gesellen auf jeden Fall ins Haus.

Fröhliche Tage wünscht Ihnen

Die Motive lassen sich in folgende Schwierigkeitsgrade unterteilen:

● ○ ○ einfach ● ● ○ etwas schwieriger ● ● ● anspruchsvoll

IHRE GRUNDAUSSTATTUNG

Diese Materialien und Werkzeuge sollten Sie zur Hand haben, sie werden in den einzelnen Materiallisten nicht extra aufgeführt.

- festes Transparentpapier
- Lackmalstift in Weiß
- Filzstift in Schwarz
- Buntstift in Rot
- Bleistift, Bleistiftanspitzer
- Schere, Zackenschere, Nagelschere, Cutter mit geeigneter Schneideunterlage
- Zirkel, Lineal
- Nadel, Faden, Nylonfaden
- Alleskleber, Klebestift, Heißkleber

So wird's gemacht

... mit Papier

Die Vorlage mit Bleistift auf festes Transparentpapier übertragen und ausschneiden.
Diese Schablone auf das Papier in der gewünschten Farbe legen, mit einem Bleistift umreißen und ausschneiden. Abgerundete Formen lassen sich leichter mit einer kleinen Nagelschere schneiden, gerade Schnitte am einfachsten mit einem Cutter auf geeigneter Unterlage.
Mithilfe des Vorlagenbogens und der Abbildung die Einzelteile positionieren, zusammenkleben und zusätzlich dekorieren: zeichnen, beschriften, bemalen.

Gesichter gestalten

Die Gesichtslinien mit Filzstift malen, die Wangen und meist auch die Hasenohren mit Buntstift färben. Dazu mit einem Bleistiftanspitzer oder einem Messer etwas Farbe von der Stiftspitze abschaben und mit der Fingerspitze verreiben.
In die schwarzen Augen und auf die roten Nasenpunkte wird mit weißem Lackmalstift häufig ein Lichtpunkt gesetzt.

Tonkarton bemalen

Tonkarton, der wie Stoff aussieht, kann man selber machen. Vor dem Ausschneiden einfach mit Filz- oder Buntstiften beliebige Muster – Linien, Punkte, Kreise – aufmalen. Die bemalten Papiere eignen sich besonders für Kleidchen.

... mit Windowcolor

Wenn Sie die Motive auf einer Prospekthülle arbeiten, können Sie sie nach dem Trocknen leicht abziehen. Malen Sie auf Mobilefolie, müssen Sie das Motiv nach dem Trocknen ausschneiden.
Die Vorlage unter die Folie legen und die Konturen schwarz nachzeichnen. Nach dem Trocknen – die notwendige Zeit steht auf der Farbflasche – die Felder ausmalen. In die noch nasse Farbe können Farbpunkte gesetzt, Samtpulver eingestreut sowie Knöpfe oder Wackelaugen eingelegt werden. Schattierungen entstehen, indem zwei Farben mit einem Zahnstocher spiralförmig ineinander verrührt oder mit kurzen Strichen ineinander gezogen werden.

Arbeiten mit Samtpulver

Motivteile, die mit Samtpulver gestaltet werden, zuerst satt mit Windowcolor bemalen und das Samtpulver mit einem dicken Pinsel durch ein enges Sieb in die noch nasse Grundfarbe einstreuen. Nach dem Trocknen – die Trockenzeit ist auf der Materialflasche angegeben – das überschüssige Pulver abpusten und alle Reste mit einem feinen Pinsel entfernen. Gehen Sie dazu am besten ins Freie. Dann alle übrigen Motivteile bemalen.

Tipps und Tricks

- Häufig muss den Figuren zum Aufhängen ein Aludraht oder Faden durchgestochen werden. Die Löcher dafür am besten mit einer Zirkelspitze stechen.
- Aludraht kann leicht um ein Holzstäbchen gewickelt werden; so entstehen engere Schlaufen.
- Freihängende Motive aus Papier sehen hübscher aus, wenn sie beidseitig gearbeitet sind. Dazu brauchen Sie die Teile doppelt, einmal spiegelverkehrt.
- Sollen Papierfiguren plastischer wirken, müssen diese Schatten werfen. Dazu beim Zusammenkleben der Teile Moosgummistücke oder Klebepads als Abstandshalter verwenden.

Hinweis: Wenn Kinder bei den Bastelarbeiten mithelfen, lassen Sie sie den Cutter nie allein benutzen.

Hasengymnastik

→ farbenfrohe Fensterbilder

1 Alle Hasenmädchen aus hellbraunem, den Hasenjungen aus weißem Tonkarton fertigen. Arme und Beine bestehen jeweils aus einem Stück, so ist ihre Positionierung einfacher.

2 Die Gesichtchen zeichnen, die roten Papiernasen aufsetzen und mit weißen Lichtpunkten versehen. Hinter jedes Kleidchen den entsprechenden Volant kleben, die Halskrause aus Tonpapier anbringen und das fertige Köpfchen daran fixieren. Arme und Beine an der Rückseite ankleben und die Beine auf die Schuhe setzen.

3 Für die Tänzerin in Pink mehrere Blüten an den grünen Wollfaden kleben, diesen am Kleidchen fixieren und die Enden über die Händchen schlingen. Der anderen Tänzerin eine Blüte in die Hand kleben.
Für den Hasenjungen einen braunen Henkelkorb – das Karomuster mit Buntstift aufzeichnen – mit vielen bunten Eiern fertigen und in die Hand kleben. Mit der anderen Hand und einem Fuß hängt er an einem Holzstäbchen. Dessen Enden anspitzen und mit zwei roten Holzperlen schließen, die mit etwas Heißkleber aufgeschoben werden.

4 Auch ein Mädchen mit den Ohren an ein Stäbchen mit Perlenenden hängen, ein anderes hält sich an den eigenen Ohren fest.

5 Alle Figuren an Nylonfäden aufhängen.

MOTIVHÖHE
ca. 30 cm

MATERIAL

- Tonkarton in Hellbraun, A3
- Tonkartonreste in Blau, Hellblau, Hellrosa, Weiß, Pink, Lila, Violett, Rot, Orange, Gelb und Grün
- gemusterte Tonkartonreste in Hellgrün-Weiß gestreift, Dunkelgrün-Weiß gestreift, Hellgrün mit weißen Blüten und Hellblau mit Blütenmuster
- Tonpapierreste (für Halskrausen und Nasen) in Türkis, Violett, Pink, Rot, Weiß, Gelb und Orange
- 2 Holzstäbchen
- je 2 Holzperlen in Rot und Hellblau, ø 8 mm
- Pompons, 1 x in Rot und 5 x in Hellblau, ø 7 mm
- Wollfaden in Grün, 30 cm lang
- Motivlocher: „Blume“

VORLAGENBOGEN 1A+1B

Hasegymnastik

(Beschreibung Seite 4)

Marienkäferpärchen

→ vergnügliche Fensterbilder

MOTIVHÖHE
ca. 24 cm

MATERIAL
- Tonkarton in Rot-Schwarz gepunktet, A5
- Tonkarton in Weiß, Schwarz, Rot und Hautfarbe, A5
- Tonkartonreste in Hellblau, Gelb und Grün
- Tonpapierrest in Schwarz
- Aludraht in Schwarz, ø 1,5 mm, 20 cm lang
- 5 Pompons, 2 x in Gelb, 3 x in Rot, ø 7 mm
- Kordel in Blau, ø 2 mm, 1,5 m lang
- Motivlocher: „Blume"

VORLAGEN-BOGEN 3A

1 Alle einzelnen Teile ausschneiden, mithilfe des Vorlagenbogens positionieren und zusammenkleben. Die Haarteile lassen sich leichter aus schwarzem Tonpapier schneiden.

2 Die Gesichtchen dekorieren und die Blüten mit aufgesetztem Pompon anbringen.

3 Der weiße Kleidchenkragen des Mädchens hat ein mit der Zirkelspitze gestochenes Lochmuster. Die Strümpfe von Junge und Mädchen bemalen.

4 Dem Buben drei Blüten in die Hand kleben und zwei Fühler aus eingedrehtem Aludraht mit Kraftkleber an der Rückseite befestigen.

5 Das Mädchen auf die Schaukel setzen, die Kordel durchziehen und verknoten.

Auf der Spielwiese

→ fröhliche Fenster- und Blumendekoration

1 Das Fensterbild kann auf einer Prospekthülle gearbeitet, nach dem Trocknen abgezogen und ans Fenster gestrichen oder auf Mobilefolie gemalt, ausgeschnitten und aufgehängt werden.

2 Die Rasenfläche wird mit grünem Samtpulver gearbeitet (siehe Seite 3).

3 Schmetterlinge und Schnecke auf Mobilefolie malen und sauber ausschneiden.

4 Den Schmetterlingen jeweils zwei Wackelaugen in die noch nasse Farbe einlegen und als Fühler ein Stück Gummikordel mit verknoteten Enden ankleben.

5 Für die Schneckenfühler die Gummikordel doppelt durch ein mit der Zirkelspitze gestochenes Loch führen, die Enden durch die kleine Schlaufe stecken, festziehen, die blauen Holzkugeln auffädeln und die Enden gut verknoten.

6 Die Schnecke klebt an einem Holzstäbchen, die Schmetterlinge hängen an einem Nylonfaden.

MOTIVHÖHE
ca. 31 cm

MATERIAL
- Mobilefolie, 0,2 mm stark, A3
- Konturenfarbe in Schwarz
- Windowcolor in Perlmutt, Hautfarbe, Rot, Rosa, Violett, Hellblau, Blau, Gelb, Orange, Hellgrün und Grün
- Samtpulver in Grün
- 8 Wackelaugen, ø 6 mm
- 2 Holzperlen in Hellblau, ø 6 mm
- Aludraht in Grün, ø 1 mm, 30 cm lang
- Gummikordel in Schwarz, ø 1 mm, 30 cm lang
- Holzstäbchen

VORLAGENBOGEN 2A

Tipp: **An einen gebogenen Aludraht geklebt, können die Schmetterlinge wie links abgebildet auch als Blumenstecker verwendet werden.**

MOTIVHÖHE
ca. 8 cm

MATERIAL PRO HASE

- Tonkartonrest in Weiß
- Tonkarton in Rot, A4 (nur Schachtel)
- Tonkartonrest in Weiß-Rot kariert (nur Schachtel)
- Karoband in Rot-Weiß kariert, 15,5 cm breit, 20 cm lang
- Kunststoffherz in Rot, ø 6 mm
- Holzstäbchen

PRO EIERSTECKER

- Plastikei in Rot, 6 cm hoch
- Holzperle in Weiß, ø 8 mm
- Acrylfarbe in Weiß

PRO BLUMENTOPF

- Holzstreu-Herz in Rot-Weiß, ca. 3 cm hoch
- evtl. Tonkartonrest in Rot und Rot-Weiß kariert
- Tontopf, ø 7 cm oder ø 10 cm
- Acrylfarbe in Rot und Weiß

VORLAGENBOGEN 4A

Hasen mit Herz

→ liebe Blumenstecker und Geschenke

1 Das Gesicht mit Filz- und Buntstift gestalten, als Nase ein Plastikherz aufkleben. Für die Schattierungen mit einem Messer o. Ä. etwas Farbe von der Buntstiftspitze kratzen und mit den Fingern verreiben.

2 Als Blumenstecker an einem Holzstäbchen fixieren und darüber eine kleine Karobandschleife kleben.

3 Für die dreieckige Schachtel die gestrichelten Linien der roten Grundform mithilfe von Zirkelspitze und Lineal leicht anritzen. Die Seiten sauber knicken und an den Falzstreifen zusammenkleben. An einer Seite den Deckel mit Klebstoff schließen, die andere Seite nur einschieben. Auf das karierte Tonkartonrechteck ein kleines weißes setzen, beschriften und an die Vorderseite der Verpackung kleben. Einem Hasenköpfchen auf der Rückseite ein Halsstück ankleben und mit dem unteren Teil an der Kante der Schachtel fixieren. Beidseitig davon eine weiße Pfote und davor eine Schleife anbringen.

4 Die weißen Plastikeier auf ein Stäbchen stecken, mit roter Acrylfarbe grundieren und mit der Rückseite eines Stäbchens die weißen Punkte aufsetzen. Auf die durchgeschobene Stäbchenspitze eine Holzkugel kleben.

5 Die Tontöpfe mit roter und weißer Acrylfarbe bemalen. Ein schöner Effekt entsteht, wenn feiner Sand in die Farbe gemischt wird. Auf den kleineren ein Holzherz aufkleben, auf den größeren ein Holzherz, das auf zwei unterschiedlich großen, übereinander geklebten Tonkartonherzen klebt. Der Rand des größeren Herzens ist mit der Zackenschere beschnitten.

Tipp: **Als Nase kann auch ein roter Plüschpompon oder ein Herzchen aus rotem Tonpapier aufgesetzt werden.**

Niedliche Küken – frisch geschlüpft

→ liebevolle Tischdekoration und Grußkarte

MOTIVHÖHE
ca. 12 cm

MATERIAL PRO FIGUR
- Tonkarton in Gelb, A4
- Tonpapiereste in Rot und Orange
- Chenilledraht in Gelb

NUR TEELICHT
- Teelicht in Gelb

NUR TISCHKARTE
- Karoband in Blau-Weiß, 1 cm breit, 12 cm lang

NUR GRUSSKARTE
- Tonkartonreste in Weiß und Blau-Weiß kariert
- Doppelkarte in Hellblau, A6 mit Umschlag

VORLAGENBOGEN 2B

1 An alle Köpfchen den orangefarbenen Schnabel und den roten Kamm kleben. Diesen an der angegebenen Stelle einschneiden, auf das Köpfchen schieben und mit Klebstoff fixieren. Auge und Wangen aufmalen.

2 Bei der Grußkarte von der Kartenoberseite einen ca. 4 cm breiten Rand wegschneiden. Die sichtbare Karteninnenseite mit kariertem und die restliche Innenseite mit weißem Tonkarton überkleben. Die zwei Flügel am Rand aufkleben, mit den Fingern leicht nach oben biegen und das Köpfchen aufsetzen.

3 Bei der Tischkarte das fertige Köpfchen an ein Stück Chenilledraht kleben und diesen zwischen die zwei deckungsgleichen Körperteile kleben. Vorder- und

Anna

WEITERFÜHRUNG

Niedliche Küken – frisch geschlüpft

Rückseite nur am oberen Rand zusammenkleben. Das Flügelteil einschieben und mit Klebstoff fixieren. Durch das Vorderteil die zwei Chenilledrahtstücke für die Beine stechen und auf der Rückseite fixieren. Die Füße ankleben und zurechtbiegen. Vorder- und Hinterteil leicht auseinander spreizen, so steht die Tischkarte.

4 Beim Teelicht auf das Flügelteil die Chenilledrahtstücke für Hals und Beine aufkleben und das Teelicht darüber setzen. Füße und Köpfchen mit Klebstoff fixieren und zurechtbiegen.

Tipp: Die Tischkarte kann, oben und unten zusammengeklebt, auch an den Osterstrauß gehängt werden.

Hennenballerinen

→ ausgefallener Fenster- und Raumschmuck

MOTIVHÖHE
ca. 39 cm

MATERIAL PRO HENNE

- Tonkarton in Weiß, A4
- Tonkartonreste in Violett und Pink
- Regenbogen-Tonkartonrest in Pink-Orange-Gelb
- 2 Chenilledrähte in Rosa, 20 cm lang
- ca. 7 Dekofedern in Hellviolett
- ca. 7 Stoffblümchen in Hellviolett
- Buntstift in Rosa

VORLAGENBOGEN 2B

1 Auf den weißen Grundkörper die Augen und die rosa Wangen malen, den gelb-orangefarbenen Schnabel aus Regenbogen-Tonkarton aufsetzen, den pinkfarbenen Kamm an der Kopfrückseite fixieren.

2 Am unteren Rand des violetten Kleidchens die Federn von hinten ankleben, das Tutu fixieren und mit den violetten Stoffblümchen den Kartonrand überkleben.

3 Die Chenilledrahtbeine befestigen, die Füße ankleben und zurechtbiegen. Die Ballerinen an einem Nylonfaden aufhängen.

Tipp: Wenn sie sich als Raumhänger frei drehen sollen, arbeiten Sie die Tänzerinnen doppelt.

Osterboten

→ kunterbunte Osterstraußanhänger

MOTIVHÖHE
ca. 15 cm

MATERIAL

HASE

- Tonkartonreste in Braun, Hellbraun, Orange, Gelb, Rot, Violett, Hellblau und Hellgrün
- Chenilledraht in Hellbraun und Gelb, 10 cm lang
- Aludraht in Grün, ø 1 mm, 30 cm lang

HENNE

- Tonkartonreste in Weiß, Orange, Gelb, Rot, Rosa, Violett, Blau, Hellblau und Hellgrün
- Chenilledraht in Weiß, 10 cm lang
- Aludraht in Grün, ø 1 mm, 30 cm lang

LAMM

- Tonkartonreste in Hautfarbe, Weiß, Gelb, Rot, Rosa, Violett und Türkis
- Chenilledraht in Hautfarbe und Violett, 10 cm lang
- Aludraht in Grün, ø 1 mm, 30 cm lang

VORLAGENBOGEN 3B

1 Alle drei Figuren werden gleich gearbeitet: auf den Grundkörper den bunten Pulli und darüber den Schal kleben.

2 Dem Schäfchenkopf die weiße Stirnwolle und die rosa Nase, der Henne den gelben Schnabel und den roten Kamm, dem Häschen den roten Nasenpunkt ankleben. Die übrigen Linien malen. Das fertige Köpfchen fixieren.

3 Die Chenilledrahtstücke für Arme und Beine anbringen und Händchen und Schuhe daran fixieren. Die Henne hat anstatt der Arme Flügel.

4 Den Aludraht wie abgebildet zurechtbiegen, durch die gestochenen Löcher in den Händchen führen und dahinter mit Heißkleber fixieren. Auf dem Pulli und am Draht Karotten, Herzchen oder Eier anbringen.

Biker Bunny

→ cooles Fensterbild

MOTIVHÖHE
28 cm

MATERIAL

- Mobilefolie, 0,4 mm stark, A3
- Konturenfarbe in Schwarz
- Windowcolor in Orange, Gelb, Rot, Rosa, Violett, Blau, Hell-, Dunkelblau, Grün, Hellgrün, Dunkel-, Hellbraun, Schwarz, Weiß und Grau
- je 2 Glasperlen und -stifte in Orange
- 6 Rocailles in Grün

VORLAGENBOGEN 3A

1 Das Fensterbild auf Mobilefolie malen – die weißen Lichtpunkte werden auf die getrocknete Farbe aufgesetzt – und nach dem Trocknen ausschneiden.

2 In die oberen Ecken mit einer Zirkelspitze je ein Loch stechen, den Nylonfaden durchziehen, Glasperlen und Glasstift auffädeln, verknoten und aufhängen.

Tipp: Sie können den sportliche Hasen auch auf eine Prospekthülle malen, nach dem Trocknen abziehen und ans Fenster streichen. Füllen Sie dann enge Motivzwischenräume mit transparenter Windowcolorfarbe.

Henne und Küken

→ originelles Türschild

MOTIVHÖHE
ca. 40 cm

MATERIAL
- Tonkarton in Weiß, A3
- Tonkarton in Hellblau, A4
- Regenbogen-Tonkartonreste in Gelb-Grün, Pink-Orange und Gelb-Rot
- Tonkartonreste in Hellblau, Violett, und Gelb
- Aludraht in Schwarz und Rot, ø 1 mm, 40 cm lang
- Bast in Natur
- Fun-Liner in Weiß
- Holzstäbchen
- Buntstift in Rosa und Grün

VORLAGENBOGEN 3B

1 Die Flügel der Henne hinten an den Körper kleben. Den mit grünem Buntstift bemalten Hals auf den aufgeklebten Kragen setzen und darauf den Kopf kleben. Den Schnabel fixieren, den Kamm etwas einschneiden, über den Kopf schieben und festkleben. Die Wangen rosa malen und die Augen zeichnen. Ein Herz auf die Brust kleben.

2 Das blaue Schild auf ein größeres weißes Papier kleben und mit einem ca. 2 mm breiten Rand ausschneiden. Mit dem Fun-Liner den Schriftzug aufschreiben. Die mit Filzstift dekorierten Eier mit eingedrehtem Draht am Schild befestigen.

3 Den Hennenkörper leicht über das Schild schieben, etwas Bast einlegen und alles mit Heißkleber fixieren. Die Füße darüber anbringen.

4 Zum Aufhängen des Türschildes den schwarzen Aludraht wie abgebildet eindrehen, die Enden durch die Löcher in den Flügeln stecken und leicht zusammendrehen.

Variante: **Beim Huhn auf der Titelseite wird das Schild anders herum angebracht und die Henne mit etwas Bast dahinter geklebt. Auf dem Schild sitzt das Küken von Seite 15.**

FROHE OSTERN

Blumenkinder

→ als Tischkarte, Blumenstecker und Geschenkanhänger

MOTIVHÖHE
ca. 14 cm

MATERIAL PRO FIGUR

- Tonkartonreste in Hautfarbe, Gelb, Weiß, Lila und Hellblau
- Tonpapierreste in Gelb und Schwarz
- je 2 Holzperlen in Schwarz, Weiß, Hellblau und Gelb, ø 8 mm
- Aludraht in Schwarz, ø 1,5 cm, 30 cm lang
- Holzstäbchen

VORLAGENBOGEN 2A

1 Auf den bunten Blütenkörper die Aludrahtteile für den Hals und die Ärmchen mit Heißkleber fixieren und die Klebestelle mit einem gelben Kartonstück mit aufgemalten Punkten verdecken.

2 Das gestalteten Köpfchen mit Heißkleber an den Halsdraht kleben und das Haarteil aus Tonpapier mit aufgesetzter Schleife anbringen.

3 An der Rückseite die Aludrahtstücke für die Beinchen befestigen. An Armen und Beinen mit Heißkleber bunte Holzperlen fixieren und die Beine zurechtbiegen oder um ein Holzstäbchen zu Schlaufen eindrehen.

Tipp: Die niedlichen Blumenmädchen können Sie auch als Tischkarten verwenden. Einfach mit einem Lackmal- oder Gelstift den Namen auf den Rock schreiben. Hier sehen Sie eine Farbvariante.

Frösche am Teich

→ lustige Fenster- und Blumendekoration

MOTIVHÖHE
ca. 35 cm

MATERIAL

- Mobilefolie, 0,2 mm stark, A4
- Konturenfarbe in Schwarz
- Windowcolor in Gelb, Orange, Rot, Hellgrün, Grün, Hellblau, Blau, Rosa, Violett, Weiß und Transparent
- Holzstäbchen
- 2 Knöpfe in Rot, ø 1 cm

VORLAGEN-BOGEN 1B+2A

1 Der Frosch auf der Leiter und der davon wegspringende Frosch können auf einer Prospekthülle gearbeitet, nach dem Trocknen von dieser abgezogen und ans Fenster gestrichen werden. Damit die Figuren größere Stabilität haben, alle leeren Flächen mit transparenter Farbe ausmalen.

2 Den hüpfenden und den schwimmenden Frosch mit seinem Schwimmreifen auf Mobilefolie malen und nach der Trockenzeit ringsum sauber ausschneiden.

3 Für den Blumenstecker den Frosch an das Stäbchen kleben und die zwei Knöpfe fixieren.

4 Den anderen Frosch in den Schwimmreifen stecken und in einer Schale mit Wasser an den Rand setzen. Das Wasser hält ihn dort fest.

Flott unterwegs

→ schwungvolles Fensterbild

MOTIVHÖHE
ca. 26 cm

MATERIAL
- Tonkarton in Gelb, Orange und Hellbraun, A4
- Tonkartonreste in Weiß, Hautfarben, Grün, Hellgrün, Violett, Rot, Türkis und Hellblau
- Pompons, 1 x in Rot, 2 x in Schwarz, ø 7 mm
- Knopf in Rot, ø 1 cm
- Filzstift in Hellblau
- Buntstifte in Gelb und Grün

VORLAGENBOGEN 4A

1 Auf das weiße Hemdchen mit Filzstift hellblaue Punkte malen und Hose und Hosenträger aufsetzen. Hinter den gestalteten Kopf das zweite Ohr kleben und auf dem vorderen das Innenohrteil fixieren.

2 Die zwei Schalteile mit Karos bemalen, die Enden fransig einschneiden und von vorne und hinten ankleben. Den roten Knopf aufsetzen und Hände und Füße anbringen. Dem kleinen Häschen das zweite Ohr an der Hinterseite ankleben und einen roten Pompon als Nase aufsetzen.

3 Für das Skateboard das gelbe Teil auf das orangefarbene kleben und die bunten Radkreise mit den schwarzen Pompons im Zentrum anbringen.

4 Beide Häschen auf dem Board positionieren und fixieren.

Blumengänschen

→ Dekorationen und Geschenke in Blau-Weiß

MOTIVHÖHE KLANGSPIEL
ca. 30 cm

MATERIAL KLANGSPIEL

- Mobilefolie, 0,2 mm stark, A4
- Konturenfarbe in Schwarz
- Windowcolor in Gelb, Orange, Hellblau, Blau, Weiß und Schwarz
- Samtpulver in Weiß und Blau
- 3 Klangspielstäbe in Silber, 4 cm, 6 cm und 8 cm lang

PRO BLUMENORNAMENT

- Aludraht in Silber, ø 2 mm, 15 cm lang
- Mobilefolienrest, 0,2 mm stark
- Konturenfarbe in Schwarz
- Windowcolor in Gelb und Weiß
- Samtpulver in Weiß und Blau

VASE

- Aludraht in Silber, ø 2 mm, ca. 1,5 m lang
- Mobilefolienrest, 0,2 mm stark
- Konturenfarbe in Schwarz
- Windowcolor in Gelb und Weiß
- Samtpulver in Weiß und Blau
- Reagenzglas, ca. 20 cm hoch

VORLAGENBOGEN 4B

1 Alle Teile auf Mobilefolie arbeiten und nach dem Trocknen ausschneiden. Die blauen (außer Halstuch) und weißen Flächen werden mit Samtpulver gearbeitet.

2 In die blaue Wasserfläche mit einer Zirkelspitze fünf Löcher stechen und die Klangstäbe und drei Blüten mit einem Faden anhängen. Durch den Hut den Aufhängefaden führen.

3 Als Geschenk- und Kartendekoration den Aludraht zu einem Schnörkel formen, aufkleben und darüber die Margerite setzen.

4 Für die Vase den Aluminiumdraht mit den Händen oder einer kleinen Zange oben beginnend um das Reagenzglas biegen, die Basis eindrehen, zurechtbiegen und eine Blüte anbringen.

Tipp: **Um Teile undurchsichtig zu machen, wie z. B. das gelbe Blütenzentrum, genügt es, die Rückseite mit weißer Windowcolorfarbe zu bemalen.**

Blumensteckerküken

→ moderner Blumenschmuck

MOTIVHÖHE
10 cm

MATERIAL
- Tonkartonrest in Gelb
- Regenbogen-Tonkartonrest in Gelb-Orange
- Holzstäbchen
- Bast in Natur
- Karoband in Grün-Weiß kariert, 1,5 cm breit, 20 cm lang

VORLAGENBOGEN 4B

1 Den Körper und das Köpfchen aus gelbem Tonkarton fertigen, Schnabel und aufgesetztes Flügelteil aus Regenbogen-Tonkarton. Dem Halsstück einen roten Streifen malen und alles zusammenkleben.

2 An ein Holzstäbchen kleben und etwas Bast und die Karobandschleife darüber fixieren.

DIESES BUCH ENTHÄLT 4 VORLAGENBOGEN

IMPRESSUM

Mehr über die Autorin erfahren Sie unter www.piapedevilla.com.
TEXT: Traudi Prenn
FOTOS: frechverlag GmbH, 70499 Stuttgart; Fotostudio Ullrich & Co., Renningen
DRUCK: frechdruck GmbH, 70499 Stuttgart

Auflage:	5.	4.	3.	2.	1.	
Jahr:	2007	2006	2005	2004	2003	[Letzte Zahlen maßgebend]

ISBN 3-7724-3213-1
Best.-Nr. 3213